ORIGINALIDADE DO MATRIMÔNIO CRISTÃO

Coleção: **Família**

- *Como ser feliz no casamento* – Ernesto Roman
- *Originalidade do matrimônio cristão* – José Antonio Pagola

José Antonio Pagola

ORIGINALIDADE DO MATRIMÔNIO CRISTÃO

Dados Internacionais de Catalogação na Publicação (CIP)
(Câmara Brasileira do Livro, SP, Brasil)

Pagola, José Antonio
   Originalidade do matrimônio cristão / José Antonio Pagola ; [Tradução Maria Luisa Garcia Prada]. — 6. ed. — São Paulo : Paulinas, 2012. — (Família).

   Título original: Originalidad del matrimonio cristiano.
   ISBN 978-85-356-3248-4

   1. Casamento 2. Casamento - Aspectos religiosos - Igreja Católica 3. Sacramentos - Igreja Católica I. Título. II. Série.

12-08224 CDD-265.5

Índice para catálogo sistemático:

1. Matrimônio cristão : Sacramentos : Cristianismo   265.5

Revisado conforme a nova ortografia.

Título original da obra: *ORIGINALIDAD DEL MATRIMONIO CRISTIANO*
© Idatz - Editorial Diocesana

Direção geral: *Maria Bernadete Boff*
Coordenação editorial: *Noemi Dariva*
Tradução: *Maria Luisa Garcia Prada*
Revisão de texto: *Mônica Guimarães Reis*
Gerente de produção: *Felício Calegaro Neto*
Direção de arte: *Irma Cipriani*
Capa: *Marta Cerqueira Leite*

6ª edição – 2012
5ª reimpressão – 2022

Nenhuma parte desta obra poderá ser reproduzida ou transmitida por qualquer forma e/ou quaisquer meios (eletrônico ou mecânico, incluindo fotocópia e gravação) ou arquivada em qualquer sistema ou banco de dados sem permissão escrita da Editora. Direitos reservados.

Paulinas
Rua Dona Inácia Uchoa, 62
04110-020 – São Paulo – SP (Brasil)
Tel.: (11) 2125-3500
http://www.paulinas.com.br – editora@paulinas.com.br
Telemarketing e SAC: 0800-7010081
© Pia Sociedade Filhas de São Paulo – São Paulo, 2000

INTRODUÇÃO

Em curto espaço de tempo produziu-se entre nós uma profunda mudança na concepção que tínhamos sobre o amor, a sexualidade, o matrimônio, a fidelidade conjugal ou a família.

Ao mesmo tempo, o matrimônio civil foi introduzido e revalorizado como alternativa ao religioso. Jovens que não aceitam a visão cristã do matrimônio e suas consequências casam-se no civil. Da mesma forma, outros casais continuam se casando pela Igreja, porém não por convicção profunda de fé, e sim por razões ambíguas de caráter social ou familiar.

Daí vem a importância que em certos momentos adquire responder com lucidez esta pergunta: Onde está a originalidade do matrimônio cristão? O que é "casar na Igreja"? É bom que os jovens casais adotem sua própria postura ao orientar sua futura vida conjugal, mas, para isso, é necessário conhecer em que consiste a "originalidade" do matrimônio cristão.

I. PARA UMA VISÃO MAIS CORRETA DO MATRIMÔNIO CRISTÃO

Antes de tudo, mas ainda que brevemente, é importante assinalar as mudanças mais significativas que têm ocorrido nestes anos na visão teológica do matrimônio cristão. Podemos dizer que a Constituição *Gaudium et spes* assinala uma visão nova do matrimônio.

1. De uma concepção jurídica a uma visão mais existencial do matrimônio

Durante muito tempo promoveu-se uma visão predominantemente jurídica do matrimônio: o matrimônio como instituição, as condições para sua validade, sua natureza legal, os privilégios etc. Dessa forma, o amor real e vivo entre os cônjuges ficava em segundo plano. O casamento era visto quase simplesmente como uma instituição jurídica dentro da qual seria possível exercer sem pecado (sem culpa moral) a atividade sexual entre um homem e uma mulher.

Se prescindirmos ou não avaliarmos devidamente a realidade humana do amor entre o casal, estaremos omitindo precisamente o que é a base e o ponto de partida do matrimônio cristão. Se esquecermos o diálogo amoroso do casal e entendermos o matrimônio exclusivamente como uma instituição jurídica, estaremos destruindo sua realidade mais profunda, já que ele só pode ser sacramento se o amor de Deus for expresso, encarnado e sacramentalizado no amor entre os cônjuges.

2. Do matrimônio por contrato ao matrimônio por vocação

A partir de uma visão jurídica, o matrimônio é visto como um contrato que se realiza livremente com o consentimento dos dois contraentes. Um contrato do qual se originam direitos e obrigações. Assim se fala das obrigações matrimoniais, o direito ao corpo do outro ("dever sexual") etc.

A teologia atual e o Vaticano II explicam o matrimônio não como contrato, senão como uma vocação. Os esposos cristãos "cumprindo sua missão conjugal e familiar, animados pelo espírito de Cristo... chegam cada vez mais a seu pleno desenvolvimento pessoal e a sua mútua santificação, e, portanto, conjuntamente, à glorificação de Deus" (*Gaudium et spes*, 48).

O casamento não deve ficar reduzido a um contrato. Esse compromisso que assume o novo casal é, melhor dizendo, o ponto de partida de um projeto comum, de uma vida compartilhada conjugalmente dentro da qual são impelidos a alcançar seu pleno desenvolvimento pessoal, humano e cristão.

3. Da finalidade do matrimônio às exigências do amor matrimonial

A teologia tradicional falava da finalidade do matrimônio. Em primeiro lugar, apresentava-se como *finalidade primária* e específica a procriação de filhos. Depois se falava da *finalidade secundária*, ou seja, a ajuda mútua, a complementação sexual, a compreensão recíproca.

Ao observar-se o matrimônio a partir dessa perspectiva, o amor fica completamente subordinado à procriação e o matrimônio fica reduzido a uma instituição legal necessária socialmente, para garantir a sobrevivência da humanidade e o controle da atividade sexual. Entende-se a famosa expressão de Karl Marx: "O casamento burguês é uma prostituição legal".

O Vaticano II não quer mencionar essa doutrina tradicional da finalidade do matrimônio. Ao contrário, considera-o, antes de tudo, uma união de amor conjugal que se expressa, se realiza e cresce no encontro sexual. Esse amor tem valor intrínseco. Somente depois se diz que esta união de amor conjugal está ordenada a ser fonte de vida. O encontro conjugal propicia a fecundidade.

4. Dos direitos e deveres matrimoniais a uma visão do matrimônio como comunidade de amor

A partir de uma perspectiva jurídica facilmente se reduz a convivência matrimonial do casal a um conjunto de direitos e obrigações. Como consequência do contrato matrimonial, os esposos adquirem determinados *direitos* (uso do corpo do outro como se fosse o seu próprio, em nome da procriação; direito à fidelidade conjugal...); e contraem algumas *obrigações* (procriação de filhos, respeito, fidelidade, mútua ajuda...).

O Vaticano II entende o matrimônio como uma comunidade de amor. É o amor conjugal que vivifica e dá sentido a toda a vida matrimonial. Uma moral baseada fundamentalmente na distinção das finalidades primárias e secundárias, ou no cumprimento de alguns deveres e a exigência de alguns direitos nascidos de um contrato, facilmente podem terminar em pura legalidade vazia de amor. O amor conjugal é a verdadeira fonte de responsabilidade matrimonial e familiar e de fidelidade mútua.

Resumindo, no momento de apresentar aos casais uma visão correta do matrimônio é necessário estar atentos para utilizar a linguagem mais adequada e oferecer o conteúdo apropriado. Não é o mesmo falar da instituição matrimonial e do amor conjugal; do matrimônio por contrato ou do matrimônio por vocação; das finalidades do matrimônio ou das exigências do amor matrimonial; dos direitos e deveres matrimoniais ou do matrimônio como comunidade de amor.

II. A REALIDADE HUMANA DO MATRIMÔNIO

Antes de falar da originalidade do matrimônio cristão, temos de avaliar devidamente toda a riqueza e a profundidade do matrimônio como realidade humana, independentemente de ser vivido no âmbito de determinada religião ou no contexto da sociedade civil. Quem não souber valorizar devidamente a riqueza natural do matrimônio em suas diferentes dimensões não saberá tampouco valorizá-lo nem vivenciá-lo a partir da originalidade cristã.

De maneira resumida, assinalamos a seguir as principais dimensões do matrimônio.

1. Convivência sexual

O matrimônio é convivência sexual. Homem e mulher, sexualmente diferentes e complementares, podem viver plenamente juntos o mistério prazeroso da sexualidade humana. A convivência sexual abrange diversos aspectos. Assinalo os níveis mais importantes.

• O homem e a mulher podem *expressar-se* através de sua corporalidade, de seus gestos e de toda a linguagem de sua sexualidade. Desta maneira, o homem e a mulher emergem de sua interioridade e se mostram, se revelam, se manifestam. Naturalmente, esta forma de expressar-se através da sexualidade (beijos, abraços, carícias, acolhida, abraço conjugal...) é plenamente humana quando é sincera e quando encontra no outro uma resposta e uma confiança real.

• O homem e a mulher não só se expressam, como *se comunicam e se encontram* sexualmente no matrimônio, estão destinados ao encontro e à comunicação sexual. Não se trata de um encontro puramente biológico, fisiológico. O encontro sexual é humano quando, através dos corpos, as pessoas se abraçam, isto é, estão ali e se comunicam como pessoas. Naturalmente, isto pede que o encontro sexual não seja ambíguo, não seja uma máscara que oculte as pessoas; seja, sim, a troca do que melhor há em cada um deles.

• Além disso, o homem e a mulher *se complementam* e enriquecem um ao outro no encontro sexual. O ser humano é diferenciado, masculino e feminino; o homem e a mulher se sentem atraídos e convidados a complementar-se. Desfrutam e se enriquecem quando sabem acolher-se mutuamente. Ajudam-se a crescer, fundindo suas vidas, compartilhando a existência desde o encontro sexual.

2. Comunidade de amor

Essa convivência sexual em toda sua riqueza é plenamente humana quando manifesta e encarna um amor real entre o homem e a mulher. Quando o matrimônio é amor com responsabilidade, cuidado amoroso, entrega desinteressada e generosa, busca o bem do outro.

Seguramente, o amor conjugal, por sua própria dinâmica, pede *fidelidade*. O amor vai mais longe do que aquele instante em que está sendo vivido. O amor olha também para o futuro. Não se pode dar-lhe um fim sem o destruir. Não se pode amar de verdade uma pessoa colocando um limite temporal, uma data. Por isso, o amor conjugal exige a promessa de vivê-lo para sempre, a promessa de ser fiel à pessoa amada.

É muito importante reconhecer o valor humano da fidelidade, independentemente da crença ou da fé do casal. O ambiente sociocultural de nossos tempos favorece a inconstância, a infidelidade, a superficialidade dos contatos sexuais e a trivialidade das relações interpessoais, porém, todos temos de reconhecer que a fidelidade à pessoa amada é um valor exigido pela própria natureza do amor verdadeiro.

3. Realidade social

O amor conjugal e a convivência sexual pedem para ser aceitos e reconhecidos socialmente. Não podemos esquecer que o homem e a mulher que partilham uma vida conjugal não são indivíduos isolados, mas são membros de uma aliança concreta. Uma concepção romântica do amor como algo que tem de ser vivido exclusivamente na intimidade ou no espaço privado não é inteiramente humana, porque esquece a dimensão social do casal.

Um amor secreto, oculto da sociedade ou não reconhecido por ela, dificilmente proporcionará às pessoas que o vivem uma realização e expansão plenas. Por isso, uma convivência sexual estável pede um reconhecimento por parte da sociedade, uma integração no âmbito social.

É muito importante valorizar essa dimensão social do matrimônio independentemente de este ser civil ou religioso. Se o vínculo amoroso fica reduzido ao espaço da vida privada, falta-lhe algo para ser vivido de forma plenamente humana e social.

4. União aberta à fecundidade

O encontro sexual de um casal estável deve ser fonte de uma nova vida humana. É um encontro amoroso, porém, por sua própria estrutura, é um encontro intimamente orientado a dar nascimento a um novo ser.

O ato sexual entre os cônjuges expressa e realiza a entrega mais íntima e absoluta que pode existir entre um homem e uma mulher, porém, por sua dinâmica, está aberto a uma terceira possibilidade: o filho. No ato sexual, o homem não só se entrega à mulher que ama, mas também lhe entrega sua capacidade de engendrar, sua capacidade de ser pai: "Quero que sejas minha mulher e ter um filho teu". Da mesma forma, a mulher se entrega de maneira total e incondicional ao homem e entrega também sua capacidade de gerar, oferece seu seio fecundo: "Quero ser tua e ter um filho teu".

É importante valorizar a dimensão da fecundidade, independentemente das crenças e da moral de cada um. O ser humano está destinado a ser fecundo. Os esposos devem ser "uma só carne", porém não podem esquecer que normalmente esta carne pode converter-se em "berço" de um filho que vem selar e encarnar de maneira natural o amor matrimonial dos pais.

Resumindo, ao receber os casais que se preparam para o matrimônio, é importante, antes de falar do matrimônio cristão, saber valorizar em toda a sua profundidade e riqueza o matrimônio como realidade humana, em suas diversas dimensões: como convivência sexual, aliança de amor, realidade social, união aberta à fecundidade.

III. O MATRIMÔNIO COMO SACRAMENTO

Cristo não institui nada de novo a respeito do matrimônio. O que ele fez foi recuperar o matrimônio em sua primeira originalidade e conclamar homens e mulheres a viverem o amor matrimonial respondendo ao primeiro desígnio do Criador, que o homem e a mulher sejam "uma só carne" como Deus sempre quis.

Precisamente para viver esse amor matrimonial, natural em toda a sua autenticidade, Jesus ensinava a vivê-lo como *sacramento* do amor de Deus que nos foi revelado em Jesus Cristo. O sacramento não é algo somado ao matrimônio. É simplesmente o matrimônio vivido a partir da fé cristã, vivido como "sinal", como "sacramento" do amor de Deus que em Cristo se manifestou.

Portanto, quando um casal "se casa pela Igreja", compromete-se a viver o matrimônio a partir da fé cristã e a vivê-lo em sua plenitude como *sacramento* do amor de Deus. O que quer dizer viver o matrimônio como sacramento? Para entender bem isto, temos que compreender o que é um sacramento. Se o conseguirmos, descobriremos um horizonte insuspeitado e uma riqueza imensa para viver o matrimônio.

1. O homem é sacramental

Sacramento é uma palavra que vem do latim *sacramentum* e significa "sinal", "símbolo". Sacramento é, pois, algo que nos descortina, nos revela, nos manifesta outra realidade que, do contrário, ficaria oculta. Por exemplo, a aliança que vemos na mão de uma pessoa é um sinal, um símbolo, um "sacramento" de que esta pessoa está comprometida, casada com alguém.

Por isso, podemos dizer que o homem é sacramental, tem uma estrutura sacramental. No ser humano há todo um mundo íntimo, invisível, misterioso que se mostra, se revela, se manifesta através do corpo.

O homem é medo, amor, ternura, gozo, tristeza, projetos, dúvidas, cansaço, fraqueza, entusiasmo, paixão, solidariedade, luta, esperança... É todo um mundo de vida, de interioridade que se revela, toma forma e vem à tona através da corporalidade.

Nosso *corpo é o grande sacramento*, é o meio de expressão que nos permite manifestar-nos e comunicar-nos com os demais. Os olhares, os gestos, as palavras, o sorriso, o beijo, os abraços, o encontro dos corpos, as mãos, o rosto... o corpo inteiro nos permite "sacramentalizar", quer dizer, expressar e viver tudo o que há em nosso interior.

Graças ao corpo nos expressamos, nos realizamos, nos comunicamos e nos encontramos com os demais. Podemos dizer que o homem é sacramental, é algo interior, invisível, espiritual, que se expressa e se realiza no corpo e através dele, corpo esse que é visível, sensível, palpável. O ser humano vive, cresce, se realiza de maneira sacramental.

2. A necessidade de sacramentalizar a vida

Precisamente em virtude de sua estrutura sacramental, o ser humano sente a necessidade de "sacramentalizar" a vida. E, quanto mais profundamente vive, mais profunda é sua relação com as pessoas e com as coisas e mais intensamente sente essa necessidade de "sacramentalizar" sua vida.

Os antropólogos descobriram que o homem está presente no mundo em *três níveis*.

Num *primeiro nível*, o ser humano se apresenta ao mundo como um estranho. Não conhece nem entende nada. O homem primitivo (ou a criança de hoje) se admira diante das coisas e dos fenômenos. Observa tudo com curiosidade, se assombra, teme, adora, venera. É a primeira atitude, a mais primitiva, elementar e básica.

Num *segundo nível*, o homem começa a dominar os elementos e os fenômenos. Analisa-os, controla-os, trabalha, domestica, transforma, organiza. É o *Homo faber* que desenvolve a ciência, a técnica, o domínio do cosmos.

Há um *terceiro nível*, quando o homem se aproxima das coisas e dos fatos para dar-lhes um valor simbólico. Já não são mais meros objetos para serem contemplados ou trabalhados e dominados; convertem-se em símbolos, sinais, chamamentos. Passam a ser portadores de uma mensagem, de uma vivência. Vamos ver isso de maneira mais concreta.

O homem sacramentaliza de maneira particular algumas *coisas*: todas as árvores podem ser recordações de experiências vividas sob sua sombra, porém aquela árvore do vilarejo tem alguma coisa especial; todas as cozinhas podem ser evocadoras, porém a cozinha da casa onde nasceu guarda algo único.

O homem sacramentaliza de maneira particular alguns *acontecimentos*: muitas taças são levantadas, porém é especial a taça que celebra um encontro; todos os dias se come, mas é diferente um jantar de bodas, uma ceia íntima...

O homem sacramentaliza alguns *momentos ou datas* particulares: todos os dias parecem iguais, porém é diferente o dia do aniversário de casamento, do aniversário de nascimento, da festa da cidade, o dia de uma despedida ou de um encontro.

Sacramentaliza também algumas *pessoas* de maneira muito especial: todas as pessoas podem despertar nosso amor ou amizade, porém há pessoas únicas: a namorada, o avô, a mãe, o amigo. Então, o homem não é apenas sacramental, mas vai preenchendo de valores simbólicos ou sacramentais o mundo em que vive. Vai sacramentalizando sua existência, e todas essas coisas, fatos, momentos e pessoas se convertem em pequenos ou grandes "sacramentos" que evocam, alimentam e acrescentam sua existência.

3. Jesus Cristo, Sacramento de Deus

Para aquele que crê, o mundo inteiro pode converter-se em "sacramento" de Deus. Deus é mistério invisível e insondável, porém está na própria origem do mundo e da vida. E, por isso mesmo, pode se anunciar, sugerir e manifestar através de acontecimentos, experiências, fenômenos que não podem falar dele. A criação inteira pode converter-se em "sinal" de Deus.

De maneira particular, as pessoas com sua força criadora, sua inteligência, sua capacidade de amar, sua liberdade, seu mistério são o melhor sinal, a melhor representação que nos pode falar de Deus.

Todavia, o cosmos está atravessado pelo mal e os seres humanos estão tocados pela malícia e pecado. Para o cristão, há um homem único, verdadeiro *Sacramento de Deus*, no qual Deus se manifestou e revelou como a nenhum outro: *Jesus Cristo*.

Pela encarnação, o mistério insondável de Deus manifestou-se de maneira visível em Jesus. Deus é amor insondável, perdão, acolhida, respeito, carinho, preocupação pelos seres humanos. Pois bem, esse Deus invisível se manifesta, se "sacramentaliza" em Jesus.

Nele "habita corporalmente toda a plenitude da Divindade" (Cl 2,9) ao "manifestarem-se a bondade de Deus, nosso Salvador, e seu amor pelos homens" (Tt 3,4).

O corpo de Jesus, seus gestos, suas palavras, seus abraços às crianças, sua bênção, seu perdão, suas curas, sua acolhida, suas mãos, sua aproximação aos necessitados, sua entrega à morte, todo ele é Sacramento de Deus. Em Jesus Cristo se expressa e se faz presente de maneira eficaz o amor de Deus aos homens, Jesus Cristo é o grande Sacramento de Deus, o primeiro Sacramento de Deus.

Estando Jesus presente, nenhum sacramento faz falta. Quem está com ele está com Deus. Quem se coloca em contato com Jesus se coloca em contato com Deus. Quem escuta de seus lábios o perdão é perdoado por Deus. Quem recebe a cura de Jesus está curado por Deus. Os homens podem encontrar-se com o Deus invisível através da natureza humana de Jesus que é o seu grande Sacramento.

4. A Igreja, sacramento de Jesus Cristo

Pela ressurreição, Jesus Cristo desaparece do horizonte de nossa percepção e fica abstraído do plano visível e sensível no qual nos movimentamos. Já não podemos nos encontrar diretamente com o Corpo de Jesus. Ficamos, de certa forma, privados desse grande Sacramento de Deus.

Inclusive depois da morte e ressurreição de Jesus, não se perde a dimensão sacramental no encontro com Deus. Respeitando a estrutura sacramental de ser humano profundamente ligado ao corpo e ao mundo sensorial, Deus continua oferecendo-se, agora de maneira sacramental, por meio da Igreja.

A Igreja é agora *o Corpo de Cristo*, a comunidade que dá corpo a Jesus Cristo, a comunidade onde se oferece Jesus Cristo através de gestos visíveis, sensíveis, compreensíveis. Nessa comunidade cheia de mediocridade, fraqueza e pecado se realiza, entretanto, algo decisivo – a presença sacramental de Jesus Cristo.

Podemos dizer que a Igreja inteira, em sua totalidade, é sacramento de Jesus Cristo. Na Igreja, Cristo se faz presente de maneira sacramental no meio dos homens e mulheres. Tudo na Igreja tem uma dimensão sacramental: as pessoas que formam essa comunidade, os evangelhos que se proclamam entre nós, os gestos cristãos que realizamos, o amor aos necessitados, a oração dos fiéis, os rituais sagrados, os símbolos. Tudo o que fazemos e vivemos com fé pode sacramentalizar e tornar Jesus Cristo nosso Salvador presente.

5. Os sete sacramentos

Tudo na Igreja é sacramental, mas existem ações e gestos em que esse caráter sacramental adquire uma dimensão particular. Da mesma forma, tudo pode ser sinal de amor entre os esposos; porém, o encontro conjugal sacramentaliza de forma mais eficaz e intensa seu amor.

Até o século XII, empregava-se a palavra "sacramento" para designar muitos gestos e ações eclesiais. Santo Agostinho contou até 304 "sacramentos". A partir do século XII, fez-se um esforço de seleção para delimitar os gestos sacramentais mais centrais. Finalmente, o Concílio de Trento definiu os sete sacramentos, não de maneira arbitrária, mas articulando-os em torno dos eixos fundamentais da vida ou dos principais acontecimentos da vida cristã.

Os sacramentos são, portanto, a concretização e atualização do que é a Igreja: sacramento de Cristo, o qual, por sua vez, é Sacramento de Deus. Quando celebramos ou vivemos um sacramento, realizamos um gesto humano ao qual damos sentido a partir da fé; realizamos esse gesto não de forma particular, a nosso arbítrio, mas de forma eclesial, de acordo com a Igreja sacramento de Jesus Cristo, e assim nos encontramos com Cristo, o grande Sacramento que nos leva ao encontro com Deus.

Para isso, e em primeiro lugar, realiza-se *um gesto humano* que encerra uma força expressiva importante: uma comida (eucaristia), um gesto de perdão (penitência), uma entrega mútua de duas pessoas (matrimônio).

Em segundo lugar, esse gesto humano tem sentido quando é *vivido com fé*. Os sacramentos supõem a fé. Sem fé o sacramento não diz nada, não significa nada. Os sacramentos realizados sem fé se transformam em cerimônias vazias, rituais sociais, gestos ridículos.

Em terceiro lugar, esse gesto vivido com fé não é algo individual ou privado, tampouco de um grupo particular. Cada sacramento é uma tomada de contato, uma inserção na Igreja, *um gesto religioso*, pois somente a grande comunidade eclesiástica é o sacramento de Jesus Cristo.

Em quarto lugar, esses sacramentos não são rituais mortos, e sim gestos *de encontro pessoal com Cristo* que é o grande Sacramento que nos leva a Deus. Cada um deles, de acordo com sua modalidade, nos coloca em contato com Jesus Cristo e, por meio dele, com Deus. É Cristo que perdoa, Cristo que alimenta, Cristo que une no amor.

6. O sacramento do matrimônio

Depois desta explicação, certamente um pouco longa, estamos preparados para compreender melhor o que é viver o matrimônio como sacramento e quais são as riquezas e possibilidades que oferece o matrimônio cristão.

a) Projeto de vida matrimonial

A primeira coisa que os noivos cristãos fazem, como qualquer outro casal, é comprometer-se a uma vida matrimonial. Este projeto de vida é a base humana do sacramento, o gesto que está sacramentalizado a partir da fé.

Para isso, os noivos se comprometem a compartilhar sexualmente sua vida, como expressão de um amor mútuo que exige fidelidade, como uma realidade que desejam seja reconhecida socialmente e como uma comunidade de amor aberta à fecundidade.

A base humana do sacramento do matrimônio não são os elementos materiais (como o pão e o vinho da eucaristia), não é um gesto exterior (como a aspersão da água no batismo), e sim a própria vida dos novos esposos, sua entrega mútua, seu encontro amoroso. É essa vida matrimonial que vai converter-se em símbolo, em sacramento cristão.

b) O matrimônio, sacramento do amor de Deus

A originalidade dos noivos cristãos é que, animados por sua fé, comprometem-se a viver o matrimônio como sinal, como expressão, manifestação ou "sacramento" do amor de Deus revelado em Cristo.

Ao casar-se em Cristo, os noivos dizem publicamente a toda a comunidade cristã o seguinte: "Queremos viver nosso amor matrimonial como um sinal, uma manifestação, uma encarnação, um sacramento do amor de Deus. Todos os que assistem ao nosso amor poderão intuir de alguma forma como Deus nos ama. Queremos que nosso amor e nossa vida matrimonial revelem a todos quanto Deus nos ama".

Precisamente por isso, os noivos são os *ministros* do sacramento do matrimônio. Não é o padre que os casa, e sim eles que se concedem o sacramento um ao outro e o recebem um do outro. O noivo casa à noiva e esta casa ao noivo. Cada um deles se oferece ao outro como graça, representa para o outro o amor de Deus feito visível e sensível no amor humano matrimonial.

Ao comprometerem-se a viver seu amor matrimonial como sacramento, dizem um ao outro o seguinte: "Eu te amo com tamanha profundidade, com tamanha verdade, com tamanha entrega e fidelidade que quero que vejas sempre em meu amor matrimonial a imagem mais clara, o sinal mais visível, o 'sacramento' mais sagrado do quanto Deus te ama. Quando sentires como te amo, como te perdoo, como te cuido, poderás sentir de alguma forma como Deus te ama".

Os esposos cristãos podem descobrir o amor de Deus em muitas experiências da vida e em muitos lugares do mundo. Para eles Cristo é, sobretudo, o Sacramento de Deus e descobrem esse Cristo na Igreja de muitas maneiras, por exemplo, na eucaristia ou no sacramento da reconciliação. Porém, para eles, a própria vida matrimonial, seu encontro, seu amor é o lugar privilegiado para aprofundar, desfrutar e saborear o amor de Deus, encarnado em Cristo e comunicado por meio de sua Igreja.

c) O matrimônio como estado sacramental

O matrimônio não é somente um sacramento; é um estado sacramental. A celebração não é outra coisa senão o ponto de partida para uma vida conjugal que fica sacramentalizada. Por isso, toda a vida matrimonial, com suas experiências e manifestações, tem para eles um caráter sacramental, é fonte de graça, expressão eficaz do amor de Deus que se torna realmente presente em seu amor matrimonial.

A entrega mútua, o perdão oferecido e recebido dentro do casamento, as manifestações de amor e ternura, a intimidade sexual compartilhada, a abnegação de cada dia com suas alegrias e sofrimentos, com sua grandeza e sua pequenez, com seus momentos sublimes e sua mediocridade... toda essa vida matrimonial é sacramento, graça, experiência sacramental onde Deus se torna realmente presente para o casal.

Por isso, os esposos cristãos vivem toda a sua experiência humana e sua vida cristã de maneira matrimonial, de maneira diferente dos não casados. Os esposos cristãos podem e devem encontrar-se no perdão de Deus, no sacramento da reconciliação; mas podem e devem encontrar-se também no perdão de Deus que é oferecido no perdão com o qual mutuamente presenteiam um ao outro. Os esposos cristãos podem e devem alimentar sua vida e seu amor cristão na eucaristia da comunidade, alimentando-se do corpo do Senhor, e podem e devem alimentar sua vida e seu amor no convívio alegre de seu amor matrimonial. Deverão engajar-se na comunidade eclesial à qual pertencem; eles vivem esse mesmo matrimônio como sacramento dentro dessa comunidade, e vivem toda sua vida cristã de maneira matrimonial.

Esse caráter sacramental dá profundidade e plenitude diferentes ao encontro sexual. Os esposos cristãos não "fazem amor", e sim o celebram. O ato de amor é uma celebração, uma festa, onde os esposos com sua capacidade erótica, com a fusão de corpo e alma, com o prazer compartilhado trazem a presença de Deus ao meio deles. É acima de tudo nessa experiência íntima onde melhor podem entender e saborear seu amor matrimonial como sacramento do amor de Deus.

IV. ALGUMAS DIMENSÕES DA VIDA MATRIMONIAL

1. O matrimônio como libertação da solidão

"Não é bom o homem ficar sozinho. Quero fazer para ele uma auxiliar que lhe seja adequada" (Gn 2,18). O casamento oferece aos esposos a possibilidade de libertar-se da solidão e de viver em íntimo e pessoal diálogo um com o outro. A solidão é um mal. O matrimônio oferece aos esposos um dos melhores caminhos para não atravessar a vida sozinho. E, além disso, o matrimônio cristão oferece aos esposos que têm fé a possibilidade de abrir esse diálogo matrimonial ao diálogo com Deus. A partir do diálogo, da mútua escuta, do encontro amoroso recíproco, os esposos cristãos podem evoluir para o diálogo com Deus, o encontro com ele.

Naturalmente, tudo isso exige dos esposos a superação de seu egoísmo, entregando-se cada vez mais profundamente ao outro, compartilhando cada vez mais os desejos, as aspirações, os temores, as alegrias, os prazeres, as dificuldades e os sofrimentos que permeiam a vida. É assim que o matrimônio vai crescendo enquanto sacramento que torna possível o encontro com Deus.

2. O matrimônio como complementação mútua

"Eis aqui agora o osso de meus ossos, e a carne de minha carne" (Gn 2,23). O matrimônio oferece aos esposos a possibilidade de complementar, enriquecer e aperfeiçoar um ao outro. O marido se enriquece com a presença feminina em sua vida; a esposa com a presença do masculino.

Ainda mais, os esposos cristãos podem buscar a partir do casamento a complementação e o enriquecimento que só podemos receber de Deus. Os esposos cristãos sabem, em seus momentos de fraqueza, de pobreza e de limitação, buscar a graça e a força de Deus. Sabem, em seus momentos de prazer e de plenitude, abandonar-se à louvação e à ação de graças ao Criador.

Claro, esta complementação mútua exige todo um aprendizado, uma atualização constante, uma atitude de respeito e agradecimento recíprocos. O matrimônio crescerá dia a dia nessa difícil arte de conviver.

3. O matrimônio como prazer da intimidade sexual

"Serão os dois uma só carne" (Gn 2,24). O matrimônio oferece aos esposos a possibilidade de compartilhar e desfrutar a intimidade sexual, de descobrir todo o valor do corpo como meio de expressão e comunicação de amor. O casal vive seu amor matrimonial expressando-o corporalmente em sua intimidade conjugal.

Aliás, os casais cristãos celebram sua união sexual como uma festa de amor, de intimidade, de prazer, que não só foi abençoada por Deus, mas na qual está presente a felicidade do amor de Deus àquele casal. O sacramento do matrimônio, longe de destruir o prazer ou a felicidade matrimonial, oferece aos esposos a possibilidade de abrir seu amor sexual a uma dimensão máxima e transcendental, fazendo de sua união amorosa sinal e presença do amor de Deus. Tudo isso exige, naturalmente, que a entrega sexual seja o símbolo de uma entrega amorosa, sincera e real. Que a união dos corpos expresse a união dos corações.

4. O matrimônio como comunidade de amor crescente

O matrimônio supõe já um amor inicial entre os novos esposos, porém exige que esse amor cresça e se consolide dia a dia. O amor é algo chamado a crescer. Os problemas, as dificuldades e as adversidades da vida, vividos conjuntamente pelos esposos em atitude matrimonial, são momentos propícios para aprofundar e crescer em um amor cada vez mais sólido e real. O que no começo foi, acima de tudo, "paixão", atração física, excitação... pode consolidar-se como amor forte e prazeroso.

Ao longo de seu casamento, os esposos cristãos podem crescer no amor a Deus e no amor a todos os irmãos. Quando uma pessoa vai se impregnando de amor, não cresce somente sua relação amorosa com alguém, mas também cresce sua capacidade de amar.

Naturalmente, isso exige cultivar o amor cotidianamente. A infidelidade, o esfriamento, a ruptura não é algo que aparece de repente, de maneira imprevisível. É sempre algo que vem germinando dia a dia enquanto a relação vai se contaminando de egoísmo, mesquinhez, ressentimento, interesse próprio, vingança, recusas.

5. O matrimônio como comunidade de compreensão e perdão mútuos

O amor matrimonial, para crescer, necessita muito do perdão. O amor pede sempre respostas, porém o cônjuge pode perceber que a pessoa amada não corresponde como ele esperava. O amor pode sentir-se traído, decepcionado, não correspondido porque não encontra uma resposta na pessoa amada. Então o verdadeiro amor se converte em perdão. A vida matrimonial exige uma atitude de perdão, de compreensão da fraqueza do outro, de paciência, de disponibilidade para a reconciliação. Casar com uma pessoa é estar disposto a perdoá-la sempre.

Os esposos cristãos têm de lembrar também que seu matrimônio é sacramento do amor de Deus, e Deus perdoa sempre. Deus é sempre fiel, ainda que nós sejamos infiéis. Essa é a razão mais profunda da indissolubilidade do matrimônio cristão. Se o matrimônio é sacramento de Deus, destina-se a ser fiel, perene, para sempre, pois assim é o amor de Deus.

Tudo isso exige que os esposos continuem reconquistando e fortalecendo dia a dia seu amor conjugal numa atitude de perdão e compreensão recíprocos.

6. O matrimônio como descoberta do amor do irmão

A vida matrimonial deve ser para os esposos uma escola onde aprendem a amar a todos. Acolhendo-se, ajudando-se, perdoando-se, os esposos aprendem a acolher, ajudar, perdoar. Seu amor conjugal capacita-os a viver também o amor fora do próprio lar. Compartilhando suas alegrias e sofrimentos, poderão aprender a compartilhar mais as alegrias e sofrimentos de todos. Um dos riscos do casamento é reduzi-lo a um "egoísmo compartilhado". No entanto, se o amor matrimonial é amor verdadeiro, não limitará o casal ao seu espaço privado, mas o abrirá também aos outros.

Os esposos cristãos devem recordar ainda que se comprometeram a viver seu amor como sinal e sacramento do amor de Deus, e o amor de Deus é universal, não esquece ninguém e se oferece de forma especial aos indefesos, pobres e excluídos. Se querem fazer de seu amor "sacramento" do amor de Deus, não podem fechar-se de forma egoísta em seu amor matrimonial.

Naturalmente, tudo isso exige não se restringir aos problemas do próprio lar, mas comprometer-se com a vida social, marcar presença junto aos necessitados, colaborando com a comunidade cristã, estar atentos aos menos favorecidos.

7. O matrimônio como fonte de vida

O matrimônio oferece aos esposos a possibilidade de criar um lar, uma família. O nascimento de um filho não tem por que ser uma carga penosa, um incômodo, uma ameaça ao amor matrimonial. Ao contrário, deveria ser ápice, o selo desse amor.

Os esposos cristãos têm de recordar que seu matrimônio é sacramento do amor de Deus, e Deus é criador da vida. Os esposos são convocados a colaborar com o Criador na difusão da vida. E esta é uma tarefa que abarca diversos aspectos. Difundir a vida é fazer nascer novos seres humanos sobre a terra, educá-los, abrir horizontes para as novas gerações que nos sucederão, colaborar com o crescimento da humanidade, fazer o mundo mais habitável, promover lares mais humanos onde haja amor, diálogo, verdade, enfim, fazer crescer o Reino de Deus.

SUMÁRIO

INTRODUÇÃO 5

I. PARA UMA VISÃO MAIS CORRETA DO MATRIMÔNIO CRISTÃO 7
   1. De uma concepção jurídica a uma visão mais existencial do matrimônio 7
   2. Do matrimônio por contrato ao matrimônio por vocação 8
   3. Da finalidade do matrimônio às exigências do amor matrimonial 9
   4. Dos direitos e deveres matrimoniais a uma visão do matrimônio como comunidade de amor 10

II. A REALIDADE HUMANA DO MATRIMÔNIO 11
   1. Convivência sexual 11
   2. Comunidade de amor 13
   3. Realidade social 13
   4. União aberta à fecundidade 14

III. O MATRIMÔNIO COMO SACRAMENTO 17
   1. O homem é sacramental 18
   2. A necessidade de sacramentalizar a vida 19
   3. Jesus Cristo, Sacramento de Deus 21

4. A Igreja, sacramento de Jesus Cristo 22
5. Os sete sacramentos 23
6. O sacramento do matrimônio 25
   a) Projeto de vida matrimonial 25
   b) O matrimônio, sacramento do amor de Deus 26
   c) O matrimônio como estado sacramental 27

IV. ALGUMAS DIMENSÕES DA VIDA MATRIMONIAL 31
1. O matrimônio como libertação da solidão 31
2. O matrimônio como complementação mútua 32
3. O matrimônio como prazer da intimidade sexual 32
4. O matrimônio como comunidade de amor crescente 33
5. O matrimônio como comunidade de compreensão e perdão mútuos 34
6. O matrimônio como descoberta do amor ao irmão 35
7. O matrimônio como fonte de vida 36

Rua Dona Inácia Uchoa, 62
04110-020 – São Paulo – SP (Brasil)
Tel.: (11) 2125-3500
http://www.paulinas.com.br – editora@paulinas.com.br
Telemarketing e SAC: 0800-7010081